AF471671

Trece poemas a riesgo de caer

Irina Henríquez

MEDIAISLA
Miami, FL 2010

Colección ***Azares y navíos*** *N°* 2

http://mediaisla.net

Primera Edición: Febrero de 2010

ISBN: 978-0-557-32863-5

Publicado por: ***mediaIsla editores/lulu.com***
Correo electrónico mediaisla@gmail.com

Dibujo de portada: © **NICOLÁS CAMARGO**
Foto de la autora: © **TONY ARÉVALO**
Diseño de interiores y maquetación: © ***mediaIsla***

A ALGUIEN

El destino, como se dice, nos retiene prisioneros
en el Círculo de lo imposible,
Giramos en derredor del pozo,
en cuyo fondo permanece encerrada,
Enigma sombrío e insoluble, nuestra cara
Yannis Ritsos |*Ismenia*

Contenido

Círculo de lo imposible sobre *Trece poemas a riesgo de caer*

Con los años uno se aferra a aquellos poemas que se le quedaron en un bolsillo del alma. Más que volverlos a leer ocurre que en situaciones diversas se musitan o se arrojan a gritos como plegarias o invocaciones. Es probable que así empiece a completarse un misterio: la poesía no se escribe y la poesía tampoco se lee. Ocurre algo distinto y, a lo mejor, indescriptible, por ahora. Una sensación, una sombra del espíritu, un conjuro sin código.

Por esto, recibir de contrabando la buena noticia de poemas recientes (es una referencia temporal y ambigua) implica romper candados sigilosos, seguridades de talismanes suficientes y poder inagotable. Y de esta experiencia surge el asombro.

A lo mejor vale la pena compartirlo: ¿cómo recibí los poemas agrupados bajo *Trece poemas a riesgo de caer* de Irina Henríquez?

Se sabe, o se debe saber: la poesía pasa de contrabando o no pasa.

Tuve la sensación, en Santa Cruz de Lorica, que las rondas de asedio de Rául Gómez Jattin y la persistencia laboriosa de Lena Reza empezaban a dejar un saldo de continuidad y abismo; de persistencia y riesgo.

Así me adentré en una poesía cuya expresión madura surge del dolor. Otra vez el milagro de que la edad del poema es distinta a los años de quien pretende capturarlo.

Sin embargo, para Irina Henríquez existe la fe temprana de que el poema nos salva a pesar de la indiferencia descuidada, de la disposición de la soga para apretarle el cuello a tanta pregunta torpe nacida de las reiteraciones de la evidencia.

Trece poemas a riesgo de caer, en el único lugar que recibe el peso de las palabras, el silencio, anuncia entre espejos, sogas, agua, sombras, cierto encerramiento en una soledad no nombrada, el borde de ese lugar donde alguien se atreve al vuelo. El duro aprendizaje de saberse dueña "de todos los nombres que alguna vez usé".

Roberto Burgos Cantor
Bogotá, Colombia, 2009

Trece poemas a riesgo de caer

Irina Henríquez

Sólo un destino poseo
—y la certeza
de que resbala de mis manos
y será absurdo reclamarlo—

Sólo una contracción espiritual
ante este espejo que nada dice.
—Como la certidumbre
de que la araña existe
a pesar de su belleza inútil—

Estas manos de líneas precursoras,
estos ojos temerosos de la noche
y unas cuantas vidas aplazadas
tan sólo poseo.

A Lucía Estrada

Ahora ocurre del día
la mitad de su planetaria vida.
Hora meridiana para dejar reposar el dolor
en lo alto de un árbol.
Ocurre la línea vital del día cuando
el monte lejano da la noche cubre mis ojos
y a este cuerpo que no me pertenece.
¿A quién, entonces?

Todos los dioses han caído en el trasfondo
de mi jardín,
lágrimas caen sobre la hoja,
el tallo se estremece y bajo su sombra,
sobre la tierra, la flor caída.
No la pises. Es mi cuerpo.

Vértigo de la tarde

I

¿Y esa esfera de fuego, cómo es que nos reduce a su
eterno llegar y esconderse?

Esta condición de observadores de un todo que nos
estremece, pero no permite ascender a su fuego
milenario, concibe en mí la virtud del ave del río, del
deseo de todos los vuelos de mi carne.

II

Me extingo. Me vuelvo a encender. Es el conjuro del
viento en mi querer sentir las alargadas ramas de la tarde.

Un murciélago adorna la nostalgia del trópico poco
después de haber doblado las campanas.

Pero no es suficiente. No me pierdo en la música, en las voces, en los ríos de palabras. No me olvido de la noche…
que ya llega.

III

Ahora cierro los ojos, dispongo mi cuerpo y me quedo en penumbras a la espera.

La negación de la locura

Cae sin tregua la lluvia.
Una lluvia áspera de invierno del Trópico.
Burbujas aparentemente inútiles
se mojan en la intemperie.
Dentro de una estoy yo,
seca de agua empapándome de miedo.

Alrededor de esta burbuja,
los sueños del pasado reanudan la noticia
de mi lucidez temprana:
ratas del bosque
puerco espinos de agua
aves monstruosas regresan a roer
la piedra del destino
que he escogido para esta vida.

Entonces de regreso a mis visiones
me doy cuenta de que este bosque

por el cual he transitado tiene orejas y ojos
que lanzan miradas de hambre sobre mí
y a través de la burbuja
un sapo me es arrojado al pecho desnudo
para que el grito condensado
de todas las noches anteriores
me despierte
seca de lluvia
ahogada en un poema.

La hora de las campanas

La tarde se fuga entre los pinos
y la vanagloria de quienes
gimen de rodillas en el templo
para glorificar al sol que se coagula
                                        en noche.

Es la hora de los purgatorios.

Por un instante arrojo
esta máscara vulnerada
y los cuchillos de la oscuridad
difuminan mis párpados
y mi cuerpo adquiere la virtud
de los creados en la noche antigua.

Es la sal de todos los mares
                    ardiendo en mi garganta.

Aguardo cada día esta hora
para venerar la eterna mirada de la luna
sobre un río de ojos vivos y muertas almas,
para celebrar este rito
hasta en la sombra de mis huesos.

Confines del vórtice de la noche

Escucha el rumor de la tarde que se aproxima con todo su vértigo hacia tu sombra. El silencioso andar de las hormigas a tus pies. El gorjeo de las aves que se encuentran justo donde el árbol deja de serlo.

Confina tu tristeza en el temblor de esta habitación, luego, da la espalda y sé la que observa y nombra al mundo. Pisa con tu mirada las hojas caídas al pie del mango, marcha hacia las rocas ajuntadas por el tiempo y descalza, húndete en el dolor de sentirlas bajo tus pies.

Ten presente que la luz del poniente es vaga y que la brisa no recuerda los cuerpos que ha rozado. Que la noche es tu hora de volver al temblor de las paredes, de abrir la página y reanudar la tela con que te cubrirás hasta que el gallo vuelva a ahuyentar a los demonios nocturnos con su canto.

Agua, agua por todas partes,
/y no hay una sola gota para beber.
Samuel Taylor Coleridge

Para beber no.
Sólo para ahogarnos brinda su cauce el río.
Para ver morir la tarde inundada
de pájaros heridos
que se llevan las aguas.

Pero he de morirme de sed,
no de arrojada a las aguas.
Pero he de morirme ahogada,
no de reseca la garganta.

Partiré para inclinarme ante otros ríos,
los de palabras, los de silencios.
Partiré al filo de la tarde
con el corazón en mano
porque en mi espalda ya no caben
más miradas opresoras,

porque mis ojos vuelan lejos de mi cuerpo
en busca de las olas verdes de los días
y de las olas negras de otros ojos.

Para beber no.
Sólo para ahogarnos en su cauce
el río se desborda.
Aguardaré a que sobrepase mis fronteras
Me invada.
Me consuma.

La inocencia de los mundanos

Es preciso dejarnos caer
como estrellas fugadas
y no dar cuenta de cada línea
del poema que nos salva.

Sentirnos mundanos y pequeños
al llegar la nocturna marcha estelar,
y que el mundo nos mire
como a un puñado de mundos
torpes, infelices e insomnes.

La noche cuelga su soga a disposición
de los suicidas transidos a la inocencia.

El sol despunta a un nuevo día
y un inocente menos
molestará con sus preguntas.

A riesgo de caer

Yo estoy vigilante para hablar de lo que veo
a través de la ventana
Orietta Lozano

Se han agolpado todas las aves
en el verde manto de la tierra que atisbo
por la ventana.

He confundido a peces voladores
y golondrinas,
y desde que las aguas visten el color del pasto
me es imposible diferenciar tierra y lago
si sobre ambos piedras y nenúfares arden
como la flor del día.

Comprobarán mis pies que la tierra es tierra
y que el agua es agua,
porque de ambas ascienden árboles inmensos
sin procurarme sombra.

O seré ave a riesgo de caer.
O seré mujer a riesgo de volar
de flotar
de caminar sobre las aguas
o morir ahogada.

Entonces arderá en mí lo vegetal
y desestabilizará el color de la materia.
Porque preciso locamente
palpar la savia de los bosques y los campos
olvidar la ventana y hundirme para siempre
bajo el verde manto de estas aguas.

Caminar por un pasillo, abrir una puerta, romper un vestido, ceñirme otro, mirar un espejo y en él a mí pero también a alguien más, abrir una página y leer un verso, cerrar el libro y quebrar la imagen, usar la sombra nefasta de los cuerpos colgados para esconderme del perseguidor, volver la mirada y correr al mismo tiempo, abrazar la luz de un cuerpo que pasa a lo lejos ,andar ,correr, vivir la noche de un bosque encantado, tropezar con la mirada de Ofelia, sentir al frío destrozar mis huesos, caer, recordar a la ahogada y envidiar su suerte, vislumbrar la luz de unas manos, volver a encontrar ante mí aquél espejo y saberme dueña de todos los nombres que alguna vez usé.

Hallazgo

Es obsesiva mi forma de esperar a que algo ocurra. A que salte sobre mi la fiera que se esconde tras la maleza de los acontecimientos del día. Pero no permanezco por más de unos segundos: yo deseo que me hallen mientras busco o mientras celebro un hallazgo equivocado.

Y la mejor forma de encontrar es entando inmóvil mientras todo rota o tañen las campanas: el mundo es entonces todas las cosas que antes o después se camuflan bajo la apariencia de lo cotidiano. Yo deseo la marea de imágenes que quedan tras cada movimiento en las más finas mallas del aire. Deseo poseer aquello que miras sin saber, todas las cosas que en el nombre del azar han sigo consignadas en la nada del abandono. Porque no te diste cuenta, porque el gavilán es dueño de su queja pero desconoce que a mí ha llegado, porque está en el mundo y es mi hallazgo.

Con los hilos del humo tejo mi propia soga

En extrañas cosas moro.
Alejandra Pizarnik

—Desde esta portentosa vela las sombras buscan otras sombras como prolongación de los espíritus. Las sombras los cuerpos los espíritus teñidos en el muro de la noche, en esa viscosa sensación de encierro entre el universo abierto que es la noche. Pero ningún espíritu de alas grises se atreverá a tocar el halo que la vela ha puesto en mi cabeza.

—Pero en el recinto de tus sueños, las sombras que transitan le dan paso a esos duendes deformes y estridentes y ya nada es más sórdido que sus voces al otro lado de la ventana. Esta sensación vertiginosa te quema las entrañas, y empiezas a pender de sus miradas invisibles. Pero no los escuches, despierta y salta de la cama. Verás que el mundo se ha vuelto verde y verás a los árboles correr a través de la ventanilla de barrotes también viscosos.

—He vuelto a soñarlo. Y de nuevo despierto conmigo porque el amor no es más que mi sola imagen en el espejo. Sé que aún en la vigilia los espíritus de alas grises regresan. Si no me vuelvo contra ellos ya no seré digna de ocultarme ni de mí misma.

Con los hilos del humo tejo mi propia soga mientras aguardo.

Abstracto con peces a blanco y negro

Un río con peces habituados a estar muertos
ha sido estampado en un lienzo
en el pasillo de mis miedos.

Acostumbro recorrerlo sin levantar los ojos
siempre de prisa,
sin rozar las estrechas paredes
avanzo hasta una puerta
y giro la perilla con el misterio de los niños
a la hora del juego.

Al abrir,
sólo hallo mi asombro al saberme diestra
en el arriesgado oficio de tentarme las entrañas.
¿Y si me río de los peces muertos?
Quizá conjure algunas trampas.
Tal vez me acostumbre a los gajes de mi oficio.

Esta primera edición de *13 poemas a riesgo de caer* de **Irina Henríquez**, está disponible desde los primeros días de enero del año 2010, edición y cuidado de *mediaIsla editores, ltd - miami, fl*
mediaisla@gmail.com

www.ingramcontent.com/pod-product-compliance
Ingram Content Group UK Ltd.
Pitfield, Milton Keynes, MK11 3LW, UK
UKHW041903190726
13854UKWH00003B/1059

9 780557 328635